数学文

李大潜　主编

统计解迷离

Tongji Jie Mili

严加安

中国教育出版传媒集团

高等教育出版社·北京

图书在版编目（CIP）数据

统计解迷离 / 严加安编. ‒‒北京：高等教育出版社，2023.11（2024.5 重印）
（数学文化小丛书 / 李大潜主编. 第四辑）
ISBN 978‒7‒04‒061233‒2

Ⅰ. ①统⋯ Ⅱ. ①严⋯ Ⅲ. ①统计学‒普及读物
Ⅳ. ① C8‒49

中国国家版本馆 CIP 数据核字 (2023) 第 181835 号

策划编辑	李　蕊	责任编辑	李　蕊	封面设计	杨伟露
版式设计	徐艳妮	责任校对	刘娟娟	责任印制	存　怡

出版发行	高等教育出版社	网　　址	http://www.hep.edu.cn
社　　址	北京市西城区德外大街 4 号		http://www.hep.com.cn
邮政编码	100120	网上订购	http://www.hepmall.com.cn
印　　刷	中煤（北京）印务有限公司		http://www.hepmall.com
开　　本	787mm×960mm 1/32		http://www.hepmall.cn
印　　张	2.375		
字　　数	38 千字	版　　次	2023 年 11 月第 1 版
购书热线	010‒58581118	印　　次	2024 年 5 月第 2 次印刷
咨询电话	400‒810‒0598	定　　价	12.00 元

数学文化小丛书编委会

数学文化小丛书总序

整个数学的发展史是和人类物质文明和精神文明的发展史交融在一起的。数学不仅是一种精确的语言和工具、一门博大精深并应用广泛的科学，而且更是一种先进的文化。它在人类文明的进程中一直起着积极的推动作用，是人类文明的一个重要支柱。

要学好数学，不等于拼命做习题、背公式，而是要着重领会数学的思想方法和精神实质，了解数学在人类文明发展中所起的关键作用，自觉地接受数学文化的熏陶。只有这样，才能从根本上体现素质教育的要求，并为全民族思想文化素质的提高夯实基础。

鉴于目前充分认识到这一点的人还不多，更远未引起各方面足够的重视，很有必要在较大的范围内大力进行宣传、引导工作。本丛书正是在这样的背景下，本着弘扬和普及数学文化的宗旨而编辑出版的。

为了使包括中学生在内的广大读者都能有所收益，本丛书将着力精选那些对人类文明的发展起过重要作用、在深化人类对世界的认识或推动人类对世界的改造方面有某种里程碑意义的主题，由学有专长的学者执笔，抓住主要的线索和本质的内容，由浅入深并简明生动地向读者介绍数学文化的丰富内涵、数学文化史诗中一些重要的篇章以及古今中外一些著名数学家的优秀品质及历史功绩等内容。每个专题篇幅不长，并相对独立，以易于阅读、便于携带且尽可能降低书价为原则，有的专题单独成册，有些专题则联合成册。

希望广大读者能通过阅读这套丛书，走近数学、品味数学和理解数学，充分感受数学文化的魅力和作用，进一步打开视野、启迪心智，在今后的学习与工作中取得更出色的成绩。

李大潜

2005 年 12 月

前　　言

　　统计学是一门很古老的科学, 一般认为它始于古希腊的亚里士多德时代, 迄今已有两千多年的历史. 它起源于研究诸如人口普查和流行病传播问题、寿险和航海保险费的计算等社会经济问题. 统计学不同于数学, 它不是一门纯粹的演绎学科.《不列颠百科全书》评定 "统计学是一门收集数据、分析数据、并根据数据进行推断的艺术和科学". 数理统计学在概率论基础上, 发展出一系列原理和方法, 依据观测数据 (称为样本) 对总体的特征和现象背后隐藏的规律进行分析和推断.

　　统计学与数理统计学从其研究目的来看, 两者都是从样本数据出发揭示总体的特征和现象背后隐藏的规律, 但它们是两门不同的学科. 数理统计学尽管强调应用性, 但其本身还是一门数学学科, 它侧重于样本数据的定量分析所涉及的原理和方法的理论基础研究; 而统计学侧重于对解决社会、经济等现实问题数量分析方法的研究与应用, 它不仅重视样本数据的定量分析, 而且重视数据收集方法、数据整理方法的研究. 统计学作为一门方法论科学, 其研究领域要比数理统计学宽广得多.

　　数据科学是一门基于数据处理的交叉性科学.

统计学与信息科学和计算机科学共同为数据科学提供基础理论和方法. 此外, 统计学对本质上是数据驱动的人工智能 (AI) 发展也起着至关重要的作用.

法国数学家拉普拉斯有句名言: "生活中最重要的问题, 绝大部分其实只是概率问题". 当代国际著名的统计学家拉奥 (C.R. Rao) 认为: "在理性的世界里, 所有的判断都是统计学". 我长期从事概率论和随机分析研究, 对概率论和数理统计学科的本质有些领悟, 曾写过一首 "悟道诗":

随机非随意, 概率破玄机,

无序隐有序, 统计解迷离.

数理统计学的主要内容有参数估计、假设检验、方差分析和回归分析、试验设计、非参数统计、多元统计分析、时间序列分析等. 通常把参数估计和假设检验统称为统计推断. 本书是应《数学文化小丛书》的主编李大潜院士的邀请, 专门为中学生编写的一本数理统计学科普著作. 第一章简要介绍数理统计学发展史和数理统计学的基础知识, 第二章通过接近 30 个例子, 讲述如何用统计方法从无序的数据中挖掘出其隐藏的有序规律. 本书适合作为中学生的辅助教材, 也可作为大众的科普读物. 另一本概率论科普著作《概率破玄机》是本书的姊妹篇.

本书部分内容由我于 2022 年 9 月以 "概率破

玄机,统计解迷离"为题在中国科学院科学传播局主办的《科学公开课》(第二季) 讲述过, 有兴趣的读者可以在"央视频"网站观看.

最后要感谢高等教育出版社的李蕊编辑, 她认真细致的编辑工作使本书得以顺利出版.

严加安

2023 年 3 月于北京

目　　录

第一章　数理统计学 1

1.1　数理统计学简史 1

1.2　贝叶斯学派与频率学派的争论.... 5

1.3　数理统计学基本概念.......... 7

　　1.3.1　随机变量的数字特征 7

　　1.3.2　若干与正态分布有关的
　　　　　分布 9

　　1.3.3　其他几种常用的分布 11

　　1.3.4　总体、样本和统计量 13

　　1.3.5　单正态总体的抽样分布 ... 14

1.4　参数估计 14

　　1.4.1　点估计............. 15

　　1.4.2　似然函数与参数的最大似
　　　　　然估计 16

　　1.4.3　正态总体均值和方差的最
　　　　　大似然估计 17

　　1.4.4　指数分布参数的估计 18

1.5 假设检验 18

    1.5.1 如何设定零假设 19

    1.5.2 显著性检验中的 p 值 20

    1.5.3 F 检验 21

    1.5.4 t 检验 22

    1.5.5 似然比检验 23

    1.5.6 χ^2 检验 24

    1.5.7 独立性检验 25

    1.5.8 柯尔莫哥洛夫检验 26

第二章 统计学应用的例子 **28**

2.1 统计平均 28

    2.1.1 辛普森悖论 28

    2.1.2 统计平均的陷阱 (1) 29

    2.1.3 统计平均的陷阱 (2) 30

    2.1.4 抽样调查的陷阱 31

2.2 参数估计 32

    2.2.1 校样还有多少错误未被
发现 32

    2.2.2 如何估计池塘里的鱼数 . . . 33

    2.2.3 电子元件平均寿命的
估计 (1) 34

      2.2.4   电子元件平均寿命的
              估计 (2) 36

      2.2.5   德国坦克问题 37

  2.3   假设检验 38

      2.3.1   蒲丰的硬币是匀质的吗 38

      2.3.2   孟德尔豌豆杂交试验的统
              计分析. 39

      2.3.3   女士品茶的数学. 41

      2.3.4   卢瑟福散射实验结论的统
              计验证. 42

      2.3.5   二项分布参数的似然比
              检验 43

      2.3.6   从限定第二类错误来确定
              样本量下限 43

      2.3.7   次品率的假设检验 (1) 44

      2.3.8   次品率的假设检验 (2) 45

      2.3.9   事故发生次数与星期几有
              关吗 46

      2.3.10 被高校录取人数之比有显
              著变化吗. 47

      2.3.11 公路上汽车流量服从泊松
              分布吗. 48

2.3.12 患色盲症与性别是相互独立的吗 49

2.3.13 吸烟者患阿尔茨海默病的比率较低吗 50

2.3.14 抽样调查的结论依赖于样本量的大小 51

2.3.15 公交车到站时间误差服从正态分布吗 52

2.3.16 两位作者用词风格差异性的检验 53

2.3.17 统计为《静静的顿河》作者之争断案 55

2.3.18 这首诗的作者是莎士比亚吗 56

参考文献 **58**

第一章 数理统计学

1.1 数理统计学简史

统计学是一门古老的科学, 一般认为它始于古希腊的亚里士多德时代, 迄今已有两千多年的历史. 它起源于研究诸如人口普查和流行病传播问题、寿险和航海保险费的计算等社会经济问题. 19 世纪中叶以前已出现了若干重要的工作, 如法国数学家兼天文学家勒让德 (Legendre, 1752—1833) 1805 年在研究彗星轨道计算时发明的最小二乘法, 高斯 1809 年在研究行星绕日运动时也独立地发明了最小二乘法, 并提出用正态分布刻画测量误差的分布. 比利时统计学家凯特勒 (Quetelet, 1796—1874) 把统计学与概率论结合起来, 首次在社会科学的范畴内提倡对性质相同的事物做大量的观测和数量比较.

英国物理学家、数学家麦克斯韦 (Maxwell,

1831—1879) 1859 年用概率论证明了在平衡态下，理想气体分子的速度分布服从麦克斯韦速率分布律，并给出了它的分布函数表达式。英国遗传学家、人类学家高尔顿 (Galton, 1822—1911) 吸取生物学研究中的成果，1889 年出版了著作《自然遗传》，书中概括了作者关于遗传的相关和回归概念。相关系数概念是爱尔兰统计学家埃奇沃思 (Edgeworth, 1845—1926) 在 1892 年的《相关均值》一文中首次引入的。

数理统计学发展成一门成熟的学科，则是 20 世纪上半叶的事，很大程度上要归功于英国数学家卡尔·皮尔逊 (Karl Pearson, 1857—1936) 和统计学家兼生物学家费希尔 (Fisher, 1890—1962) 等学者的工作。早在 1894 年，皮尔逊提出了参数估计的矩估计法。1900 年，皮尔逊提出了一个著名的 χ^2 统计量，用于测定实际观测值与理论推断值之间的偏离程度 (拟合优度)。χ^2 检验提出后得到了广泛的应用，在数理统计学中占有重要地位。

1901 年，皮尔逊与韦尔登 (Weldon, 1860—1906)、高尔顿一起创办了《生物统计》杂志 (Biometrika)，推动了数理统计学的发展和完善。1908 年，英国统计学家戈塞特 (Gosset, 1876—1937) 以 Student (学生) 为笔名在《生物统计》杂志发表论文《均值的或然误差》，引入 t 分布，开创了小样本统计理论的先河。尽管 t 分布的推导和证明并不严格，但被统计学家誉为统计推断理论发展史上的一个里程碑.

　　费希尔对数理统计学的贡献很广泛. 1912 年,他在一篇文章中首次探讨了参数估计中最大似然估计方法的一些性质,并对最小二乘法和皮尔逊(1894 年提出) 的矩估计法作了批评. 1915 年和 1918 年,他用 n 维几何方法,分别得到二维正态总体样本相关系数的精确分布和给出 t 分布的严密的推导与证明. 1922 年,他在《理论统计学的数学基础》一文中首次引入充分统计量这一重要概念. 1924 年,费希尔正式提出方差分析方法和 F 分布,并纠正了卡尔·皮尔逊先前关于 χ^2 统计量自由度的一个错误. 费希尔在 1925 年的文章《统计估计的理论》中引入了相合性、充分性、有效性、费希尔信息、最大似然估计和最优性等基础性的概念,构建了统计推断的基石. 1925 年,他出版了在农业和生物领域影响深远的名著《研究工作者的统计方法》,书中包括拟合优度检验、均值和回归系数的显著性检验、方差分析及其应用等内容,但完全没有公式推导和证明. 费希尔 1935 年又出版了专著《试验设计》,进一步拓展了他的显著性检验思想. 但遗憾的是,由于卡尔·皮尔逊与费希尔交恶,除了 1915 年《生物统计》上发表过费希尔那篇有关相关系数的精确分布的著名文章外,《生物统计》没有发表过费希尔的其他文章. 而且,费希尔早期那些对后世影响深远的统计学名篇没有在任何有分量的统计杂志发表.

美籍波兰统计学家奈曼 (Neyman,1894—1981) 早年在波兰工作, 就与卡尔·皮尔逊的儿子埃贡·皮尔逊 (Egon Pearson, 1895—1980) 有合作研究. 1934 年奈曼来到英国, 1936 年和 1938 年, 他与埃贡·皮尔逊合作发表了两篇系列论文《对统计假设检验理论的贡献》, 引进了检验功效函数和一致最优无偏检验的概念, 把假设检验问题化解为一个最优化问题来处理. 奈曼还提出了置信区间的概念, 建立了置信区间估计理论. 在统计理论中有以他的姓氏命名的奈曼置信区间法、奈曼-皮尔逊引理、奈曼结构等. 奈曼将统计理论应用于遗传学、医学诊断、天文学、气象学、农业统计学等方面, 取得丰硕成果. 1938 年, 接受加利福尼亚大学伯克利分校新任的数学系主任埃文斯 (Griffith C. Evans) 的盛情邀请, 奈曼离开英国去了美国. 由于奈曼和他创立的学派成绩卓著, 到 20 世纪 60 年代中期, 美国已经取代英国成为国际统计研究中心.

许宝騄 (1910—1970) 先生 1936 年赴英留学, 师从埃贡·皮尔逊和奈曼, 他在 1938 年的一篇文章中研究了两样本问题中的 t 检验, 引入新的 u 统计量, 计算了 u 检验的功效函数. 他在 1940 年的一篇文章中首次证明了方差分析中的 F 检验从功效函数观点来看具有优越性. 他还给出了多元统计中若干重要分布的推导, 推动了矩阵论在多元统计中的应用.

罗马尼亚统计学家瓦尔德 (Wald, 1902—1950)

4

是被奈曼作为他的助手从欧洲引进的. 他提出了一般的判决问题, 引进了损失函数、风险函数、极大极小原则和最不利先验分布等重要概念, 发展了统计决策理论; 他提出了著名的序贯概率比检验法, 并证明该方法的最优性. 他的主要著作有《统计决策函数论》(1950) 和《序贯分析》(1947). 瓦尔德不幸遭遇空难过早离世.

瑞典数学家克拉默 (Cramér, 1893—1985) 在概率论和数理统计方面均有建树. 他在 1937 年的著作《随机变量与概率分布》中, 研究了概率论中的极限理论, 阐明了随机变量序列依分布收敛等价于其特征函数序列收敛. 1946 年, 他出版了《统计学数学方法》, 这是第一部基于测度论的严谨且比较系统的数理统计著作, 堪称数理统计学进入成熟阶段的标志.

1.2 贝叶斯学派与频率学派的争论

贝叶斯在他生前写的论文《论机遇原理中一问题的解》中提出一种归纳推理的方法; 到 20 世纪 30 年代被一些统计学者发展为一种系统的统计推断理论, 称为贝叶斯统计. 在统计学历史上, 贝叶斯统计长期受到当时主流统计学家们的排斥. 然而, 随着科学的进步, 贝叶斯统计在实际应用上取得的成功慢慢改变了人们的观点, 受到人们的重视.

到 20 世纪 50—60 年代已发展为数理统计学中的贝叶斯学派.

贝叶斯学派在对概率的理解上, 是对不确定性的一种根据经验或理性做出的主观判断, 故称之为主观概率. 贝叶斯学派并不反对概率的公理化定义和在一些情况下概率的频率解释, 而是看到了它的局限性. 现实世界中许多不确定性事件是不可能在相近条件下大量重复的, 因而不能按照频率意义定义概率, 但是可以利用先验知识和现有信息用贝叶斯公式赋予事件的概率. 贝叶斯学派在有关分布参数的统计推断问题中, 把总体分布参数的不确定性描述为某个概率分布, 它可以利用参数的历史资料或先验知识给出, 称为先验分布, 它也可以是主观的, 没有也不需要有频率解释. 后验分布 (先验分布关于样本的条件分布) 综合了先验和样本的知识, 统计推断是建立在后验分布基础上的. 在小样本情况下, 贝叶斯方法的特点是能充分利用现有信息, 如总体信息、经验信息和样本信息等, 可以减少因样本量小而带来的统计误差, 因而更加有效. 当今人工智能技术的崛起, 部分归功于计算机和贝叶斯方法的联姻. 频率学派在有关分布参数的统计推断问题中, 假定总体分布参数是未知常数, 并认定这些参数的信息仅由样本携带, 于是只能通过样本来做统计推断. 只有在先验分布是根据适当的理论或以往的经验决定时才可使用, 否则就会丧失客观性. 这两个学派的争论是第二次世界大战后数理统计学发展中的一个特色. 这个争论还远没有结束, 它对今后数理统计学的发展还将产生影响.

1.3 数理统计学基本概念

数理统计学是在概率论基础上, 发展出一系列的原理和方法, 研究如何采集和整理反映事物总体信息的数字资料, 并依据这些复杂的数据 (称为样本) 对总体的特征和现象背后隐藏的规律进行分析和推断. 统计学的主要内容有参数估计、假设检验、方差分析和回归分析等. 通常把参数估计和假设检验统称为统计推断.

1.3.1 随机变量的数字特征

随机变量表示随机试验可能结果的实值单值函数. 随机事件不论与数量是否直接有关, 都能用数量化的方式表达, 其好处是可以用数学分析的方法来研究随机现象. 例如, 某一时间内某公共汽车站等车乘客人数, 电话交换台在一定时间内收到的呼叫次数, 灯泡的寿命等, 都是随机变量的实例.

设 X 为一随机变量, 对任何实数 x, $[X \leqslant x]$ 就是一个事件. 令 $F(x) = \mathbb{P}(X \leqslant x)$, 称 F 为 X 的分布函数. 如果 F 绝对连续, 则它的导数 f 称为 F 的密度函数. 设 $(X_1, \cdots, X_n)$ 为一列随机变量, 如果它们的联合分布等于各自的边缘分布乘积, 即

$\forall x_i \in \mathbb{R}, \ i = 1, \cdots, n,$ 有

$$\mathbb{P}(X_1 \leqslant x_1, \cdots, X_n \leqslant x_n) = \prod_{i=1}^{n} \mathbb{P}(X_i \leqslant x_i),$$

则称这一列随机变量相互独立.

取值为有限个或可数个实数的随机变量称为离散型的. 对一离散型随机变量 X, 假定 X 的取值为 $\{x_1, x_2, \cdots\}$, 令

$$\mathbb{E}[X] = \sum_i x_i \mathbb{P}(X = x_i),$$

称 $\mathbb{E}[X]$ 为 X 的均值或期望. 对于一般的随机变量 X, 令

$$\mathbb{E}[X] = \int_{-\infty}^{+\infty} x \, dF(x),$$

称 $\mathbb{E}[X]$ 为 X 的均值或期望. 如果 $\mathbb{E}[X^2] < +\infty$, 则称随机变量 X 是平方可积的.

设 X 和 Y 是两个平方可积的随机变量, 令

$$\text{Cov}(X, Y) = \mathbb{E}[(X - \mathbb{E}[X])(Y - \mathbb{E}[Y])],$$

$$\rho_{XY} = \frac{\text{Cov}(X, Y)}{\sqrt{\text{Var}(X)} \sqrt{\text{Var}(Y)}},$$

其中 $\mathbb{E}[X]$ 为 X 的期望, $\text{Var}(X)$ 为 X 的方差. 分别称 $\text{Cov}(X, Y)$ 和 ρ_{XY} 为 X 和 Y 的协方差和相关系数, 显然有 $|\rho| \leqslant 1$.

相关系数是两个随机变量线性相关程度的一个度量. 如果 $\rho = 0$, 则称 X 和 Y 没有线性相关

性; 如果 $0 < |\rho| < 1$, 则称 X 和 Y 有线性相关性; 如果 $|\rho| = 1$, 则称 X 和 Y 是线性相关的. 可以证明: X 和 Y 是线性相关的, 当且仅当存在常数 a, b, 其中 $b \neq 0$, 使得 $Y = a + bX$; X 和 Y 有线性相关性, 当且仅当存在常数 a, b, 其中 $b \neq 0$, 使得 $Y = a + bX + \varepsilon$, 其中 ε 满足 $\mathbb{E}[\varepsilon|X] = 0$. 这时, 如果 $b > 0$ 或 $b < 0$, 则分别称 X 和 Y 具有正相关性或负相关性.

1.3.2 若干与正态分布有关的分布

1.3.2.1 正态分布

密度函数为

$$\frac{1}{\sqrt{2\pi}\sigma} \exp\left\{-\frac{1}{2\sigma^2}(x-\mu)^2\right\}$$

的分布称为正态分布, 记为 $N(\mu, \sigma^2)$. 我们用 $X \sim N(\mu, \sigma^2)$ 表示随机变量 X 服从均值为 μ 方差为 σ^2 的正态分布.

二维正态随机变量 (X, Y) 的分布密度函数为

$$f(x, y) = \frac{1}{2\pi\sigma_1\sigma_2\sqrt{1-\rho^2}} \exp\left\{-\frac{1}{2(1-\rho^2)} \times\right.$$
$$\left.\left[\frac{(x-\mu_1)^2}{\sigma_1^2} - \frac{2\rho(x-\mu_1)(y-\mu_2)}{\sigma_1\sigma_2} + \frac{(y-\mu_2)^2}{\sigma_2^2}\right]\right\},$$

其中 ρ 是 X 和 Y 的相关系数, $X \sim N(\mu_1, \sigma_1^2)$, $Y \sim N(\mu_2, \sigma_2^2)$.

1.3.2.2 χ^2 分布

设 $\xi_1, \cdots, \xi_n$ 为相互独立的标准正态随机变量, 令

$$\eta = \sum_{i=1}^{n} \xi_i^2,$$

则随机变量 η 的分布密度函数为

$$k_n(u) = \frac{1}{2^{\frac{n}{2}} \Gamma\left(\frac{n}{2}\right)} u^{\frac{n}{2}-1} \mathrm{e}^{-\frac{u}{2}}, u > 0; k_n(u) = 0, u \leqslant 0,$$

这里伽马函数 Γ 的定义为

$$\Gamma(p) = \int_0^{+\infty} x^{p-1} \mathrm{e}^{-x} \mathrm{d}x.$$

称 η 服从自由度为 n 的 χ^2 分布, 记为 $\eta \sim \chi^2(n)$.

1.3.2.3 t 分布

设随机变量 ξ 与随机变量 U 独立, $\xi \sim N(0,1)$, $U \sim \chi^2(n)$. 令 $\eta = \dfrac{\xi \sqrt{n}}{\sqrt{U}}$, 则随机变量 η 的分布密度函数为

$$t(x, n) = \frac{1}{\sqrt{n\pi}} \frac{\Gamma\left(\frac{n+1}{2}\right)}{\Gamma\left(\frac{n}{2}\right)} \left(1 + \frac{x^2}{n}\right)^{-\frac{n+1}{2}}.$$

称 η 服从自由度为 n 的 t 分布, 记为 $\eta \sim t(n)$.

假定 ξ 服从 $N(\mu, 1)$ 分布, $\mu \neq 0$, $U \sim \chi^2(n)$.

令 $\eta' = \dfrac{\xi\sqrt{n}}{\sqrt{U}}$，则随机变量 η' 的分布密度函数为

$$t(x, n, \mu) = \frac{n^{\frac{n}{2}} e^{-\frac{\mu^2}{2}}}{\sqrt{\pi}\,\Gamma\!\left(\frac{n}{2}\right)(n + x^2)^{\frac{n+1}{2}}} \times$$

$$\sum_{j=0}^{+\infty} \frac{\mu^j}{j!} \Gamma\!\left(\frac{n+1+j}{2}\right)\left(\frac{\sqrt{2}x}{\sqrt{n + x^2}}\right)^j.$$

称 η' 为服从参数为 μ 自由度为 n 的非中心 t 分布，记为 $\eta \sim t(n, \mu)$.

1.3.2.4 F 分布

设随机变量 ξ 和 η 相互独立，分别服从自由度为 n 和 m 的 χ^2 分布，则随机变量 $Y = \dfrac{\xi/n}{\eta/m}$ 的分布密度函数为

$$f(y; n, m) = \frac{\Gamma\!\left(\frac{n+m}{2}\right)}{\Gamma\!\left(\frac{n}{2}\right)\Gamma\!\left(\frac{m}{2}\right)}\left(\frac{n}{m}\right)^{\frac{n}{2}} y^{\frac{n}{2}-1}\left(1 + \frac{n}{m}y\right)^{-\frac{n+m}{2}}.$$

称 Y 服从自由度为 $\{n, m\}$ 的 F 分布，记为 $Y \sim F(n, m)$.

1.3.3 其他几种常用的分布

1.3.3.1 β 分布

设 p, q 为两个正实数，由积分

$$B(p, q) = \int_0^1 x^{p-1}(1 - x)^{q-1}\mathrm{d}x = \frac{\Gamma(p)\Gamma(q)}{\Gamma(p + q)}$$

定义的函数 $B(p,q)$ 称为 β 函数. 密度函数为

$$\beta(x;p,q) = \frac{1}{B(p,q)}x^{p-1}(1-x)^{q-1}, \quad 0 \leqslant x \leqslant 1$$

的分布称为 β 分布, 记为 $\beta(p,q)$. 设随机变量 $X \sim \beta(p,q)$, 则其均值为 $\dfrac{p}{p+q}$, 方差为

$$\frac{pq}{(p+q)^2(p+q+1)}.$$

设随机变量 $Z \sim F(n,m)$, 则

$$\frac{Z}{1+Z} \sim \beta(n/2, m/2).$$

1.3.3.2 Γ 分布

由密度函数

$$f(x) = \frac{1}{\Gamma(\alpha)\beta^\alpha}x^{\alpha-1}\mathrm{e}^{-x/\beta}, \quad x > 0;$$

$$f(x) = 0, \quad x \leqslant 0$$

定义的分布称为 Γ 分布, 记为 $G(\alpha,\beta)$. α 称为形状参数, β 称为速率参数. 令 $\alpha = n/2$, $\beta = 2$, 则 Γ 分布变成了自由度为 n 的 χ^2 分布. 设随机变量 $X \sim G(\alpha,\beta)$, 则其均值为 $\alpha\beta$, 方差为 $\alpha\beta^2$.

1.3.3.3 指数分布与韦布尔 (Weibull) 分布

Γ 分布的特例 $G(1,\beta)$ 称为参数为 β 的指数分布, 记为 $Exp(\beta)$, 其密度函数为

$$f(x) = \frac{1}{\beta}\mathrm{e}^{-x/\beta}, \quad x > 0; \quad f(x) = 0, \quad x \leqslant 0.$$

设 X 为一非负随机变量, $\gamma > 1$, 如果随机变量 $(X - \alpha)^\gamma$ 服从参数为 β 的指数分布, 则称 X 服从韦布尔分布, 其密度函数为

$$f(x) = \frac{\gamma}{\beta}(x - \alpha)^{\gamma-1}\mathrm{e}^{-\frac{(x-\alpha)^\gamma}{\beta}}, \quad x > \alpha;$$

$$f(x) = 0, \quad x \leqslant \alpha.$$

1.3.4 总体、样本和统计量

在统计问题中, 总体是一随机变量, 它的一次实现就是一个样本. 例如, 考察某个工厂生产的某一批灯泡质量, 考核指标是灯泡的寿命, 该批灯泡的寿命构成一个总体, 每个灯泡的寿命就是一个样本. 独立抽样的样本称为随机样本.

设 $X_1, \cdots, X_n$ 为总体随机样本, $g(x_1, \cdots, x_n)$ 为一连续函数, 称 $g(X_1, \cdots, X_n)$ 为一统计量. 统计量的概率分布称为抽样分布. 令

$$\overline{X} = \frac{1}{n}\sum_{i=1}^{n}X_i, \quad S_X^2 = \frac{1}{n-1}\sum_{i=1}^{n}(X_i - \overline{X})^2,$$

分别称 $\overline{X}$ 和 S_X^2 为样本均值和样本方差. 显然, $\overline{X}$ 和 S_X^2 的数学期望分别为 $\mathbb{E}[X]$ 和 $\mathrm{Var}(X)$.

设 $\mathbb{E}[|X|^k] < +\infty$, 称 $\mathbb{E}[X^k]$ 为总体 X 的 k 阶矩, 称 $\mathbb{E}[(X - \mathbb{E}[X])^k]$ 为总体 X 的 k 阶中心矩.

称 $\frac{1}{n}\sum_{i=1}^{n}X_i^k$ 为样本的 k 阶矩, 称 $\frac{1}{n}\sum_{i=1}^{n}(X_i - \overline{X})^k$ 为样本的 k 阶中心矩. 总体的二阶中心矩就

是总体方差, 但样本的二阶中心矩不是样本方差.

设 $X_1, \cdots, X_n$ 和 $Y_1, \cdots, Y_n$ 分别为来自总体 X 和 Y 的随机样本, X 和 Y 的样本协方差定义为

$$S_{X,Y} = \frac{1}{n-1} \sum_{i=1}^{n} (X_i - \overline{X})(Y_i - \overline{Y}),$$

X 和 Y 的样本相关系数定义为

$$r_{X,Y} = \frac{S_{X,Y}}{\sqrt{S_X^2}\sqrt{S_Y^2}}.$$

1.3.5 单正态总体的抽样分布

设 $X_1, \cdots, X_n$ 是来自方差为 σ^2 的正态总体 X 的随机样本, 则统计量 $\overline{X} \sim N(\mu, \sigma^2/n)$; 统计量 $\xi = \frac{n-1}{\sigma^2} S^2$ 服从自由度为 $n-1$ 的 χ^2 分布, 记为 $\xi \sim \chi^2(n-1)$.

设 $X_1, \cdots, X_n$ 是来自均值为 μ 的正态总体 X 的随机样本, 则 $\overline{X}$ 和 S^2 相互独立, 统计量 $\xi = \frac{(\overline{X} - \mu)}{S/\sqrt{n}}$ 服从自由度为 $n-1$ 的 t 分布, 记为 $\xi \sim t(n-1)$.

1.4 参 数 估 计

所谓参数估计, 是指根据随机样本来估计总体分布中未知参数. 从估计形式看, 分为点估计与区

间估计; 从构造统计量的方法来分, 有矩估计法、最
大似然估计、最小二乘估计、贝叶斯估计等.

1.4.1 点估计

设总体 X 的分布函数 $F(x|\theta)$, 其中 θ 为未知
参数, 例如正态分布 $N(\mu, \sigma^2)$ 的均值 μ 和方差 σ^2.
所谓点估计是构造一个统计量 (称为估计量) 来估
计参数 θ, 通过统计量的样本观测值求得参数 θ 的
估计值. 对点估计而言, 可用于估计未知参数的统
计量很多, 根据实际问题和研究的方便选择具有优
良性的统计量. 优良性准则有两大类: 一类是小样
本情形, 主要是一致最小方差无偏估计准则, 其次
有容许性准则、最小最大准则; 另一类是大样本情
形, 有相合性、最优渐近正态估计和渐近有效估计
等准则. 所谓相合性就是当样本量趋于无穷大时,
参数的估计统计量依概率趋于真值.

构造点估计的统计量常用的方法有如下 4 种:

1) 矩估计法于 1894 年由卡尔·皮尔逊提出,
用样本的经验分布和样本各阶矩去代替总体的分
布和总体各阶矩, 然后通过解有关参数的联立方程,
求得参数的估计值.

2) 最大似然估计法最早由高斯提出, 后来由
费希尔于 1912 年重新提出, 利用样本似然函数
$L(x, \theta)$ 求出参数的最大似然估计值, 但估计值可以
不唯一.

3) 最小二乘估计法主要用于线性回归模型中的参数估计问题.

4) 贝叶斯估计法是基于参数的后验分布和决策函数 (或损失函数) 对参数进行估计. 例如, 在平方损失函数下, 参数的贝叶斯估计就是参数关于后验分布的均值.

1.4.2 似然函数与参数的最大似然估计

设总体分布密度函数或概率函数 (离散型) 为 $f(x, \theta)$, 其中 $\theta = (\theta_1, \cdots, \theta_k)$ 是未知参数. 随机样本 $X_1, \cdots, X_n$ 的联合分布密度函数或联合概率函数 (离散型) 为

$$L(x_1, \cdots, x_n | \theta) = \prod_{i=1}^{n} f(x_i, \theta).$$

对给定的样本观测值 $x_1, \cdots, x_n$, $L(x_1, \cdots, x_n | \theta)$ 作为 θ 的函数称为似然函数. 使得 $L(x_1, \cdots, x_n | \theta)$ 达到最大值的 $\hat{\theta}$ 称为参数的最大似然估计.

令

$$\ln L(x_1, \cdots, x_n | \theta) = \sum_{i=1}^{n} \ln f(x_i, \theta),$$

称 $\ln L$ 为对数似然函数. 如果 $f(x, \theta)$ 关于参数连续可导, 则建立方程组 (称为似然方程)

$$\frac{\partial \ln L(x_1, \cdots, x_n | \theta)}{\partial \theta_i} = 0, \quad i = 1, \cdots, k.$$

如果方程组的解 $\hat{\theta}$ 唯一, 且使对数似然函数达到最大值, 这个解就是参数的最大似然估计.

1.4.3　正态总体均值和方差的最大似然估计

设总体 X 服从均值 μ 和方差 σ^2 未知的正态分布, $X_1, \cdots, X_n$ 为总体的样本, 求均值 μ 和方差 σ^2 的最大似然估计.

相对于样本的观测值 $x = (x_1, \cdots, x_n)$, 样本似然函数为

$$L(x, \mu, \sigma^2) = \left(\frac{1}{2\pi\sigma^2}\right)^{\frac{n}{2}} \exp\left\{-\frac{1}{2}\sum_{i=1}^{n}(x_i - \mu)^2\right\},$$

关于对数似然函数 $\ln L(x, \mu, \sigma^2)$ 分别对 μ 和 σ^2 求偏导, 容易推得均值 μ 和方差 σ^2 的最大似然估计值为

$$\hat{\mu} = \bar{x}, \quad \hat{\sigma}^2 = \frac{1}{n}\sum_{i=1}^{n}x_i^2 - \bar{x}^2 = \frac{1}{n}\sum_{i=1}^{n}(x_i - \bar{x})^2,$$

相应的估计量为

$$\hat{\mu} = \overline{X}, \quad \hat{\sigma}^2 = \frac{1}{n}\sum_{i=1}^{n}(X_i - \overline{X})^2.$$

这表明, 正态总体均值和方差的最大似然估计与矩估计是相同的.

1.4.4 指数分布参数的估计

设总体 X 服从指数分布, 其密度函数为 $p(x, \lambda)$ $= \lambda \mathrm{e}^{-\lambda x}$, 其中 $0 < \lambda < +\infty$. 设总体 X 的样本为 $X = (X_1, \cdots, X_n)$, 由于 $\mathbb{E}[X] = \dfrac{1}{\lambda}$, 用样本均值 $\overline{X}$ 估计 $\dfrac{1}{\lambda}$, 所以 λ 的矩估计是 $1/\mathbb{E}[X]$.

似然函数和对数似然函数为

$$L = \prod_{i=1}^{n}(\lambda \mathrm{e}^{-\lambda x_i}), \quad \ln L = n \ln \lambda - \lambda \sum_{i=1}^{n} x_i.$$

解似然方程

$$\frac{\partial \ln L}{\partial \lambda} = \frac{n}{\lambda} - \sum_{i=1}^{n} x_i = 0,$$

得到 λ 的最大似然估计也是 $1/\mathbb{E}[X]$.

1.5 假 设 检 验

所谓假设检验, 就是事先对总体的参数或总体分布形式做出一个假设, 然后利用样本信息来判断这个假设是否为真. 假设检验的基本原理是小概率原理: 小概率事件在一次试验中几乎不可能发生. 通常把要检验的假设称为零假设 (或原假设), 记作 H_0, 然后设定一个与之对立的假设, 称为备择假设, 记作 H_1, 使得在零假设成立的条件下, 备择假设的事件发生的概率很小. 如果试验结果是备择假设的事件发生了，根据小概率原理，只能认为零假设成立的前提不成立，即拒绝零假设. 零假设为真而被检验拒绝 (简言之，弃真) 的错误，称为第一类错误；零假设不真而被检验接受 (简言之，纳伪)，称为第二类错误. 允许弃真或纳伪的概率上界分别记为 α 和 β. 由于第二类错误很难计算，甚至不能计算，所以无法界定 β. 因此，通常只限定 α，假设检验称为显著性检验，α 称为显著性水平. 最常用的 α 值为 0.01，0.05，0.10 等，根据研究的具体问题而定. 如果弃真造成的损失大，为减少这类错误，α 取值小些；反之，α 取值可以大些. 选定检验统计量后，可以根据 α 来确定统计量拒绝域的临界值.

在假设检验中，由于显著性水平设定比较小，拒绝零假设意味着零假设不成立几乎是被试验证明了的；而零假设是不能被试验证明的，接受零假设不代表零假设得到了确认，只是表明没有足够证据否定零假设. 在某种意义下，假设检验是专为拒绝零假设设计的.

1.5.1 如何设定零假设

在多数情况下，人们最希望避免的错误是第一类错误，因此，通常把不希望成立的命题设定为零假设，希望通过试验数据来否定它. 例如，为了检验一项工艺改革对产品质量提高是否有效，通常把产品质量未提高设定为零假设. 如果把零假设否定了, 说明工艺改革的有效性就可信了, 这比设定工艺改革有效为零假设而接受更可靠.

有时, 人们也把不能轻易否定的命题设定为零假设. 例如, 一个质量监测机构去某个工厂进行产品质量抽样检查, 通常把质量合格设定为零假设. 但是, 如果质量监测机构是因为接到有人举报产品质量下降而去核查, 则要把质量不合格设定为零假设.

1.5.2 显著性检验中的 p 值

在显著性检验中, p 值的概念是费希尔在假设检验中首次引入的. 所谓 p 值, 就是在假定零假设为真的前提下, 检验统计量比统计量的样本观测值更极端的概率. 例如, 在蒲丰掷硬币的试验中 (见节 2.3.1), 统计量 ξ 的样本观测值为 0.776, 而 $\mathbb{P}(\xi \geqslant 0.776) = 0.38$, 因此这一显著性检验的 p 值为 0.38.

如果 p 值严格小于 α, 根据小概率原理就有理由拒绝零假设, p 值越小, 拒绝零假设的理由越充分. 如果 p 值大于或等于 α, 则接受零假设.

用 p 值做统计推断的原理类似于法律上的无罪推定, 即默认零假设 (无罪), 只在不符合零假设的足够证据存在时才拒绝零假设 (判有罪), 而犯弃真错误的概率就是 p 值. 原先设定的 α 是允许犯弃真错误概率的上界. 即使得到了很小的 p 值, 为了进一步验证拒绝零假设的可靠性, 仍然应该进行重复试验.

1.5.3 F 检验

F 检验也称方差比率检验, 是费希尔于 1920 年首先引入的. 它是一种在零假设下检验统计量服从 F 分布的检验. 主要用于方差齐性检验和方差分析. 所谓方差齐性检验, 是指通过两组来自不同正态总体的独立抽样的样本来检验两个总体的方差是否相同.

设两个相互独立总体 ξ 和 η 分别服从正态分布 $N(\mu_1, \sigma_1^2)$ 和 $N(\mu_2, \sigma_2^2)$, μ_1 和 μ_2 未知. 随机样本 $X = (X_1, \cdots, X_n)$ 和 $Y = (Y_1, \cdots, Y_m)$ 分别来自总体 ξ 和 η, 假设检验问题是

$$H_0 : \sigma_1^2 = \sigma_2^2, \quad H_1 : \sigma_1^2 \neq \sigma_2^2.$$

当零假设 H_0 成立时, 统计量 $f(X, Y) = \dfrac{S_1^2}{S_2^2} \sim F(n-1, m-1)$. 对给定显著性水平 α, 可以查 F 分布表确定 c_1, c_2, 使得

$$\mathbb{P}(f(X, Y) \leqslant c_1) = \mathbb{P}(f(X, Y) \geqslant c_2) = \alpha/2.$$

如果 $f(X, Y)$ 的样本观测值 $f(x, y)$ 小于 c_1 或大于 c_2, 则拒绝零假设, 否则接受零假设. 如果 n 相对于 m 很小, 则 c_2 一定很大, 样本观测值 $f(x, y)$ 大于 c_2 的情形几乎不会出现, 原先按显著性水平

α 设定的 F 检验, 其显著性水平实际变成了 $\alpha/2$, 增大了拒绝零假设的难度. 因此, 最好 n 和 m 比较接近.

1.5.4 t 检验

t 检验是戈塞特于 1908 年首先引入的. 它依据试验样本用统计量的 t 分布, 来判定两个方差相等的正态总体均值的差异是否显著, 主要用于样本量较小 (例如小于 30) 和总体标准差 σ 未知的情形.

t 检验可分为单总体检验和双总体检验, 以及配对样本检验. 单总体 t 检验是检验一个样本均值与一个已知的总体均值的差异是否显著; 双总体 t 检验是检验两个样本均值与其各自所代表的总体均值的差异是否显著; 配对样本 t 检验可视为单样本 t 检验的扩展, 不过检验的对象由来自一列正态总体独立样本观测值更改为二列配对样本观测值之差.

设总体 X 服从方差未知的正态分布 $N(\mu, \sigma^2)$, 检验零假设 H_0: $\mu = \mu_0$. 随机样本 $X_1, \cdots, X_n$ 来自总体, 其样本均值为 $\overline{X}$, 样本方差为 S^2. 当零假设 H_0 成立时, 统计量 $\eta = \dfrac{\overline{X} - \mu_0}{S\sqrt{n}} \sim t(n-1)$. 给定显著性水平 α, 查 t 分布表得到拒绝域的临界值 $t_{\alpha/2}$. 如果统计量 η 的样本观测值的绝对值大于

$t_{\alpha/2}$, 则拒绝零假设, 否则接受零假设.

1.5.5 似然比检验

似然比检验是利用似然函数来检测某个假设是否有效的检验. 假设随机样本 $X = (X_1, \cdots, X_n)$ 是来自密度函数为 $f(\cdot|\theta)$ 的总体, 其中 θ 为未知参数. 要检验的零假设是 $\theta = \theta_0$, 备择假设是 $\theta \neq \theta_0$. 令 $\lambda(x)$ 为似然函数

$$L(x|\theta) = \prod_{i=1}^{n} f(x_i|\theta)$$

在 $\theta = \theta_0$ 处的值与在 $\theta = \theta^*$(极大点) 处的值 (即极大值) 之比:

$$\lambda(x) = \frac{\prod_{i=1}^{n} f(x_i|\theta_0)}{\prod_{i=1}^{n} f(x_i|\theta^*)}.$$

λ 只是样本观测值的函数, 不含未知参数, $0 \leqslant \lambda(x) \leqslant 1$. θ 越接近 θ_0 时, $\lambda(x)$ 越大; 反之, θ 与 θ_0 相差越大, $\lambda(x)$ 越小. 因此, 对给定的显著性水平 α, 由似然比统计量 $\lambda(X)$ 可以确定拒绝域的临界值 λ_α. 如果 $\lambda(x) \leqslant \lambda_\alpha$, 则拒绝零假设. 在似然比检验中, 只设定单边拒绝域是否确当, 值得商榷. 见下面的方差齐性的似然比检验.

一般来说, 难以求得似然比统计量 $\lambda(X)$ 的精确分布, 或者它的分布太复杂, 难以确定临界值 λ_α, 此时可利用下述统计原理: 当样本量 n 很大时, 统

计量 $G(X) = -2\ln\lambda(X)$ 在零假设下近似服从自由度为 k 的 χ^2 分布, 其中 k 是参数 θ 的维数. 这时可以利用 χ^2 分布来确定统计量 $G(X)$ 的拒绝域的临界值, 从而最终给出统计量 $\lambda(X)$ 的拒绝域的临界值.

1.5.6 χ^2 检验

1900 年, 皮尔逊提出用 χ^2 统计量测定实际观测值与理论推断值之间的偏离程度 (拟合优度). 假设总体样本可以量化为 N 个类别, 各个类别的比率是预先给定的, 这时首先把各个类别的比率换算为概率, 然后利用实际样本在各个类别的观测频数和按概率计算的理论频数, 构造检验统计量. 在零假设下, 且样本量 n 足够大, 统计量

$$\xi = \sum_{j=1}^{N} \frac{(f_j - np_j)^2}{np_j}$$

近似服从自由度为 $N - 1$ 的 χ^2 分布, 其中 f_j 是样本属于第 j 个类别的频数, p_j 是总体属于第 j 个类别的概率. 对设定的显著性水平 α, 通过查 χ^2 分布表得到拒绝域的临界值 ξ_α, 即 $\mathbb{P}(\xi > \xi_\alpha) = \alpha$. 如果 ξ 的样本观测值大于 ξ_α, 则拒绝零假设, 否则接受零假设. 这一假设检验称为拟合优度检验或皮尔逊 χ^2 检验.

通常所谓的 χ^2 检验是费希尔于 1924 年引

入的拟合优度检验. 零假设是总体服从某分布 $F = F(\cdot, \theta)$, 其中 $\theta = (\theta_1, \cdots, \theta_k)$ 为未知参数. 将总体取值范围分为 N 个区间, 统计总数为 n 的样本落在每个区间的频数 f_j, $j = 1, \cdots, N$. 令 p_j 表示按分布 $F(\cdot, \hat{\theta})$ 计算的总体取值于第 j 个区间的概率, 其中 $\hat{\theta}$ 是 θ 的最大似然估计. 在零假设下, 当样本量 n 足够大时, 统计量

$$\xi = \sum_{j=1}^{N} \frac{(f_j - np_j)^2}{np_j}$$

近似服从自由度为 $N - k - 1$ 的 χ^2 分布. 据此可以做显著性检验.

1.5.7 独立性检验

设 (X, Y) 为取值于抽象集合的随机函数, X 和 Y 分别取值于集合 $\{a_1, \cdots, a_r\}$ 和集合 $\{b_1, \cdots, b_s\}$, $(X_1, Y_1), \cdots, (X_n, Y_n)$ 为其随机样本. 问题是如何通过样本取值于 (a_i, b_j) 的频数 $\{f_{ij}, 1 \leqslant i \leqslant r, 1 \leqslant j \leqslant s\}$ 来检验两个分量 X 与 Y 是否相互独立?

令

$$f_{i\cdot} = \sum_{j=1}^{s} f_{ij}, \quad f_{\cdot j} = \sum_{i=1}^{r} f_{ij}.$$

直观上, f_{ij}/n 为 $\mathbb{P}((X, Y) = (a_i, b_j))$ 的近似, $f_{i\cdot}/n$ 为 $\mathbb{P}(X = a_i)$ 的近似, $f_{\cdot j}/n$ 为 $\mathbb{P}(Y = b_j)$ 的近似,

如果 X 与 Y 相互独立, 则 f_{ij}/n 应该与 $f_{i\cdot}/n \times f_{\cdot j}/n$ 近似相等. 因此, 为了检验零假设 H_0: X 与 Y 相互独立, 我们构造统计量

$$\xi = \sum_{i=1}^{r} \sum_{j=1}^{s} \frac{\left(f_{ij} - \dfrac{f_{i\cdot} f_{\cdot j}}{n} \right)^2}{\dfrac{f_{i\cdot} f_{\cdot j}}{n}}.$$

在零假设下, 当样本量 n 充分大时, ξ 近似服从 $\chi^2((r-1)(s-1))$. 对设定的 α 值, 通过查 χ^2 分布表得到拒绝域的临界值 ξ_α, 即 $\mathbb{P}(\xi > \xi_\alpha) = \alpha$. 如果 ξ 的样本观测值大于 ξ_α, 则拒绝零假设, 否则接受零假设.

1.5.8 柯尔莫哥洛夫检验

柯尔莫哥洛夫检验是用于检验完全已知的一维连续型分布函数的分布拟合检验.

假设 $x_{(1)}, \cdots, x_{(n)}$ 是样本 $x_1, \cdots, x_n$ 按非降次序的排列, 样本分布函数 (或经验分布函数) F_n 定义为

$$F_n(x) = 0, \ x < x_{(1)}; \quad F_n(x) = 1, \ x > x_{(n)};$$

$$F_n(x) = k/n, \quad x_{(k)} \leqslant x < x_{(k+1)}.$$

零假设是: 总体分布函数是 F, 这时检验统计量为

$$D_n = \sup_{-\infty < x < +\infty} |F(x) - F_n(x)|$$

$$= \max\{d_1, d_2, \cdots, d_n\},$$

其中

$$d_i = \max\left\{\left|F(x_{(i)}) - \frac{i-1}{n}\right|, \left|\frac{i}{n} - F(x_{(i)})\right|\right\}.$$

当零假设成立且样本容量 n 较大时, 经验分布函数 F_n 与理论分布函数 F 相当接近, $\sqrt{n}D_n$ 的极限分布为

$$\lim_{n \to \infty} \mathbb{P}(\sqrt{n}D_n \leqslant x)$$
$$= 1 - 2\sum_{i=1}^{+\infty}(-1)^{i-1}\mathrm{e}^{-2i^2x^2}, \quad x \geqslant 0.$$

据此可以做显著性检验.

如果总体分布函数含有未知参数, 则需要用未知参数的最大似然估计代入总体分布函数.

与 χ^2 检验相比, 该检验充分利用样本所提供的信息, 在所有点上考虑了样本分布函数与总体分布函数之间的差异, 克服了 χ^2 检验依赖于区间划分的缺点.

第二章 统计学应用的例子

2.1 统计平均

2.1.1 辛普森悖论

分组对比中占优总体上一定占优吗? 答案是: 不一定! 下面是一个例子. 假定有两种药 (A 和 B), 要通过分组临床试验对比其疗效. 以下是试验结果: 从甲、乙两组试验结果看, 药 A 的疗效都优于药 B, 但总体来看, 药 B 的疗效反而优于药 A.

组别	患者数(药A)	治愈数(%)	患者数(药B)	治愈数(%)
甲	50	20(40%)	30	10(33%)
乙	40	30(75%)	70	50(71%)
总计	90	50(56%)	100	60(60%)

早在 20 世纪初, 当人们为探究两种因数是否具有某种相关性而进行分组研究时就发现了这种

现象: 在分组比较中都占优势的一方, 在总评中反而是失势的. 直到 1951 年英国统计学家辛普森在他发表的论文中才正式对这一现象给予理论解释. 后人就把这一现象称为辛普森悖论.

辛普森悖论的数学表述: 存在如下可能性,

$$\frac{a}{b} < \frac{c}{d}, \ \frac{a'}{b'} < \frac{c'}{d'}, \quad \frac{a+a'}{b+b'} > \frac{c+c'}{d+d'}.$$

2.1.2 统计平均的陷阱 (1)

下面这个例子在现实生活中更加典型, 它是辛普森悖论的一种表现形式. 假定一公司现有员工 100 人, 另一研究所有职工 150 人. 在一次普查体检中, 发现公司有糖尿病患者 16 人, 研究所有糖尿病患者 36 人. 从糖尿病患者的患病率来看, 研究所的情况比公司严重, 其患病率分别是 24% 和 16%. 但实际情况恰恰相反, 这怎么可能呢?

现在我们换一种统计方式来考察结果, 分成年轻人 (24—45 岁) 和中、老年人 (46—65 岁) 两个组来计算患病率. 该公司有 90 位年轻人, 其中患糖尿病 12 人 (患病率 13.3%), 有中、老年人 10 人, 其中患糖尿病 4 人 (患病率 40%); 该研究所有 50 位年轻人, 其中患糖尿病 4 人 (患病率 8%), 有中、老年人 100 人, 其中患糖尿病 32 人 (患病率 32%). 后一种统计方式的结果表明, 公司的人, 无论是年轻人还是中、老年人, 患糖尿病的比例都显著高于研究所的相应人群, 这可能和他们经常加班和中午吃盒饭有关. 这一分组统计结果比总体统计结果更有说服力.

2.1.3 统计平均的陷阱 (2)

下面的例子再次表明分组平均往往比总体平均更有说服力. 假定某大学数学系有教授 15 人、副教授 40 人、讲师和助教 25 人, 这三类人的年均收入分别是 30 万元、24 万元、16 万元, 该单位职工年均收入约为 20 万元. 又假定科学院某研究所有研究员 60 人、副研究员 30 人、助研 30 人, 这三类人的年均收入分别是 28 万元、22 万元、14 万元, 但该研究所职工年均收入约为 23 万元, 高出数学系职工年均收入约为 3 万元. 这一例子表明: 由于各单位人员构成比例不同, 单位职工年均收入这一指标不能真实反映单位职工的收入状况.

这一例子给了我们一启示: 有些新闻报道中的统计平均数字没有实际意义. 例如, 2010 年 2 月国家统计局公布称, 2009 年我国 70 个大中城市房价同比上涨 1.5%, 这与大城市居民的实际感受完全背离, 被网友戏称为房价被拉低. 事实上, 70 个大中城市房价的平均涨幅或跌幅在统计学上没有实际意义. 接受这次教训, 国家统计局于 2011 年 2 月 16 日正式宣布, 今后将不再发布全国 70 个大中城市房价涨幅平均数, 理由是 "平均数在个体差异较大的情况下, 往往会削峰填谷, 抹平个体间的差异". 这是一个明智的决定.

2.1.4　抽样调查的陷阱

在做抽样调查时, 如果数据的采集缺乏代表性, 可能导致错误的结论, 下面是一个著名的例子. 在 1936 年美国大选中, 罗斯福总统以 62.5% 的得票率获胜连任, 击败了共和党候选人兰登. 在选举前, 1935 年才由美国统计学家盖洛普创立的美国民意研究所, 只用了 5 万多个调查问卷, 便成功预测了罗斯福会赢得大选 (尽管后来实际得票率比预测高了约 7%). 与此形成鲜明对照的是, 老牌的著名杂志《文学文摘》依据高达约 240 万份的问卷调查结果, 却预测兰登将以 57% 对 43% 的绝对优势大胜罗斯福. 选举后不久,《文学文摘》由于这一重大失误就倒闭了.

《文学文摘》的预测为什么会失败? 问题就出在抽样调查样本的代表性有严重偏差和调查问卷的拒答率太高. 首先, 该杂志向全美寄出了大约 1000 万份问卷, 选择的对象主要来自杂志的订户、电话簿和一些俱乐部的会员, 这些人大都相对比较富裕. 当时美国刚从经济大萧条中恢复, 富人比较倾向支持兰登, 而穷人较多倾向支持罗斯福. 问卷的回收率也太低, 只有 24%, 这进一步降低了样本的代表性, 因为收入较低者回答问卷的比例通常要比收入较高者低. 另外, 从全美来说, 调查问卷的拒答率太高. 例如, 在发给芝加哥约 1/3 选民的调查问卷中, 回复率才 20%, 只占芝加哥居民的 7%, 失去了代表性.

该例子说明, 在做统计调查时, 要精心设计好方案. 例如, 采用分层抽样, 随机选择调查对象, 确保抽样调查的样本具有代表性和较高的回复率.

2.2 参 数 估 计

2.2.1 校样还有多少错误未被发现

甲和乙独立校对一本书的校样, 甲发现了 100 个错误, 乙发现了 75 个错误, 其中 50 个是甲、乙共同发现的. 估计校样还有多少错误未被发现?

假设校样共有 n 个错误, 甲、乙分别发现 n_1、n_2 个错误, 其中 m 个错误是甲、乙共同发现的. 我们将比率视为概率, 由于甲和乙是独立校对的, 所以应该有 $\dfrac{m}{n} = \dfrac{n_1}{n} \dfrac{n_2}{n}$, 即有 $n = \dfrac{n_1 n_2}{m} = 150$. 因此, 估计校样共有 150 个错误. 已知甲、乙共计发现了其中的 125 个错误, 校样估计还有 25 个错误未被发现.

2.2.2 如何估计池塘里的鱼数

为估计池塘里的鱼数 N, 先捕出 r 条做上记号, 然后放回. 过一段时间, 待鱼混合后, 再捕出 S 条鱼, 结果发现其中有 s 条是标有记号的. 问题是如何利用这些信息来估计 N?

最简单的想法是, 池塘里有记号的鱼占全体鱼的比率是 r/N, 捕出 S 条鱼中应该大约有 $[rS/N]$ 条是标有记号的, 现在知道是 s 条, 由 $[rS/N] = s$ 推得 N 的估计值为 $\hat{N} = [rS/s]$.

下面我们用矩估计法来估计池塘里的鱼数. 我们把 N 作为待估计参数, 把捕出 S 条鱼中标有记号的鱼的数量设定为随机样本 X, 则 X 服从超几何分布

$$\mathbb{P}(X = k) = \frac{\binom{r}{k}\binom{N-r}{S-k}}{\binom{N}{S}},$$

$$\max\{0, S - (N - r)\} \leqslant k \leqslant \min\{S, r\}.$$

超几何分布的数学期望 (即总体一阶原点矩) $\mathbb{E}[X] = \dfrac{rS}{N}$, 按矩估计方法, 用样本一阶原点矩 s 替代总体一阶原点矩, 由方程 $\dfrac{rS}{N} = s$ 解得 N 的估计值为 $\hat{N} = [rS/s]$.

最后, 我们用最大似然估计法来估计池塘里的鱼数. 采用矩估计中的记号, 记 $L(s|N) = \mathbb{P}(X = $

$s)$ 为样本似然函数, 令

$$A(s, N) = \frac{L(s|N)}{L(s|N-1)} = \frac{N^2 - (r+S)N + rS}{N^2 - (r+S)N + Ns},$$

则当且仅当 $N < \dfrac{rS}{s}$, $L(s|N) > L(s, N-1)$; 当且仅当 $N > \dfrac{rS}{s}$, $L(s|N) < L(s, N-1)$, 因此 $L(s|N)$ 在 $\hat{N} = [rS/s]$ 处达最大值, 即 $\hat{N} = [rS/s]$ 是 N 的最大似然估计值.

由此可见, 三种不同的估计法给出的结果是一致的.

2.2.3 电子元件平均寿命的估计 (1)

某工厂生产的电子元件寿命 (以小时为单位) T 服从指数分布, 其密度函数 $f(t, \lambda) = \lambda e^{-\lambda t}$, $t > 0$, λ 未知, 指数分布的均值 $1/\lambda$ 为电子元件的平均寿命.

对电子元件做测试, 寿命超过给定的 T_0 测试中止, 否则认为元件失效. 现从一批产品中随机抽取 n 个元件测试, 发现有 k 个失效 $(k \geqslant 1)$, 如何估计电子元件的平均寿命? 下面用三种方法来做估计.

第一种方法是先求 λ 的最大似然估计 $\hat{\lambda}$, 然后把 $1/\hat{\lambda}$ 作为电子元件平均寿命的估计. 设 $X_1, \cdots, X_n$ 表示元件寿命的随机样本, $\mathbb{P}(X_i \geqslant T_0) = e^{-\lambda T_0}$, $\mathbb{P}(X_i < T_0) = 1 - e^{-\lambda T_0}$, 则样本似然函

数为

$$L(k, \lambda) = \binom{n}{k}(1 - \mathrm{e}^{-\lambda T_0})^k (\mathrm{e}^{-\lambda T_0})^{n-k},$$

对数似然函数为

$$\ln L(k, \lambda) = \ln \binom{n}{k} + k \ln(1 - \mathrm{e}^{-\lambda T_0}) - (n - k)\lambda T_0.$$

由 $\dfrac{\partial \ln L(k, \lambda)}{\partial \lambda} = 0$, 解得 λ 的最大似然估计为

$$\hat{\lambda} = \frac{1}{T_0} \ln \frac{n}{n - k}.$$

电子元件平均寿命的估计为 $1/\hat{\lambda} = T_0 \left(\ln \dfrac{n}{n-k}\right)^{-1}$.

第二种方法是先令 $\theta = 1/\lambda$, 把 θ 设定为参数, 然后求 θ 的最大似然估计 $\hat{\theta}$. 设 $X_1, \cdots, X_n$ 表示 n 个元件寿命的随机样本, $\mathbb{P}(X_i < T_0) = 1 - \mathrm{e}^{-\frac{T_0}{\theta}}$, 样本似然函数为

$$L(k, \theta) = \binom{n}{k}(1 - \mathrm{e}^{-\frac{T_0}{\theta}})^k (\mathrm{e}^{-\frac{T_0}{\theta}})^{n-k},$$

对数似然函数为

$$\ln L(k, \theta) = \ln \binom{n}{k} + k \ln(1 - \mathrm{e}^{-\frac{T_0}{\theta}}) - (n - k)\frac{T_0}{\theta}.$$

由 $\dfrac{\partial \ln L(k, \theta)}{\partial \theta} = 0$, 解得 θ 的最大似然估计为

$$\hat{\theta} = T_0 \left(\ln \frac{n}{n - k}\right)^{-1}.$$

这表明两种方法给出的结果一致.

第三种方法最简单, 直接从电子元件失效概率考虑问题. 显然失效概率的样本估计值为 k/n. 另一方面, 失效概率的理论值为 $\mathbb{P}(X_i < T_0) = 1 - e^{-\lambda T_0}$, 令其等于 k/n, 解得 λ 的估计值居然也是

$$\hat{\lambda} = \frac{1}{T_0} \ln \frac{n}{n - k}.$$

2.2.4 电子元件平均寿命的估计 (2)

在前面的随机抽取 n 个元件测试中, 没有考虑失效元件的失效时间. 现在假定记录到 k 个失效元件的失效时间依次为 $0 = t_0 < t_1 \leqslant t_2 \cdots \leqslant t_k < T_0$. 可以证明: 样本似然函数为 (推导比较复杂, 从略)

$$L(k, \lambda) = \prod_{i=0}^{k-1} \Big[(n-i)\lambda(t_{i+1} - t_i) \times$$

$$e^{-(n-i)\lambda(t_{i+1}-t_i)} \Big] e^{-(n-k)\lambda(T_0-t_k)}$$

$$= e^{-\lambda S} \lambda^k \prod_{i=0}^{k-1} (n-i)(t_{i+1} - t_i),$$

其中 $S = \sum_{i=1}^{k} t_i + (n-k)T_0$. 由 $\dfrac{\partial \ln L(k, \lambda)}{\partial \lambda} = 0$,
解得 λ 的最大似然估计为 $\hat{\lambda} = k/S$, 从而电子元

件平均寿命的估计为 S/k. 我们有 $\left(\dfrac{n}{k} - 1\right) T_0 <$ $S/k < \dfrac{n}{k} T_0$.

2.2.5 德国坦克问题

德国坦克问题是用不放回抽样来估计离散型均匀分布的最大值问题, 它因在第二次世界大战中用于估计德国坦克数量而得名.

德国制造的每一辆坦克上都有一个序列号. 假设德国每个月生产一批坦克, 从 1 到最大值 N 顺序排列, 因此, 可以把这个最大编号 N 当作每个月总的生产量. 盟军如何使用被缴获或被摧毁的坦克的序列号来估计生产数 N? 这是当年的战争给数学家们提出的问题.

设随机变量 M 代表这 $k(k \geqslant 2)$ 个坦克中序号最大的数字, 于是

$$\mathbb{P}(M = j) = \frac{\binom{j-1}{k-1}}{\binom{N}{k}}, \quad k \leqslant j \leqslant N.$$

$$\mathbb{E}[M] = \sum_{j=k}^{N} j\mathbb{P}(M = j) = \frac{k}{\binom{N}{k}} \sum_{j=k}^{N} \binom{j}{k}$$

$$= \frac{k}{\binom{N}{k}} \binom{N+1}{k+1} = \frac{k(N+1)}{k+1}.$$

由于样本最大值是总体最大值的充分统计量, 如果 k 个样本最大值的观测值为 m, 生产数 N 的估计

值为 $\hat{N} = m \left(1 + \dfrac{1}{k} \right) - 1$, 它是 N 的一致最小方差无偏估计.

二战之后, 盟军对德国的坦克生产记录进行了检查, 发现统计方法预测的答案令人惊讶地与事实符合. 在二战期间, 类似的序列号分析也在其他军事装备上用过, 其中最成功的属 V-2 火箭.

2.3 假设检验

2.3.1 蒲丰的硬币是匀质的吗

那位做过著名的投针试验的蒲丰也曾经做过投掷硬币的试验, 在 $n = 4040$ 次投掷中有 2048 次正面 (图像朝上), 有 $\nu = 1992$ 次反面 (文字朝上). 试问: 这枚硬币是匀质的吗?

设投掷硬币出现正面的概率为 p. 零假设为 $p = 1/2$, α 取为 0.05. 在零假设成立前提下, 统计量 $\xi = \dfrac{(\nu - np)^2}{np(1-p)}$ 近似服从自由度为 1 的 χ^2 分布. 查 χ^2 分布表知道 $\mathbb{P}(\xi \geqslant 3.841) = 0.05$, 而我们对蒲丰试验结果算得 ξ 的样本观测值为 0.776, 它严格小于拒绝零假设的临界值 3.841, 因此接受零假设, 即认可那枚硬币是匀质的.

2.3.2 孟德尔豌豆杂交试验的统计分析

孟德尔 (Mendel, 1822—1884) 是奥地利一所修道院的牧师, 父母都是园艺家. 孟德尔通过豌豆杂交试验, 发现了遗传因子 (即基因) 的分离定律和自由组合定律, 被誉为现代遗传学之父.

孟德尔的单性状 (颜色) 的豌豆试验可以描述如下: 先用纯种黄色豌豆株与纯种绿色豌豆株杂交得到子一代, 再用杂交后的子一代进行杂交得到子二代. 我们用 AA 和 aa 分别表示黄色和绿色基因对, 由于黄色基因是显性的, 绿色基因是隐性的, 杂交后的子一代豌豆颜色是由显性基因决定, 从而全部是黄色的, 其基因对为 Aa 和 Aa. 子二代豌豆的基因有 4 个: AA, Aa, aA, aa, 其中三个表现为黄色, 一个表现为绿色. 孟德尔从 10 个子二代的豌豆株观察到两种颜色的豌豆数如下表 (取自克拉默《统计学数学方法》) 的第 2 列、第 3 列所示:

株次 j	黄色豆数	绿色豆数	总数	χ_j^2
1	25	11	36	0.593
2	32	7	39	1.034
3	14	5	19	0.018
4	70	27	97	0.416
5	24	13	37	2.027

株次 j	黄色豆数	绿色豆数	总数	χ_j^2
6	20	6	26	0.051
7	32	13	45	0.363
8	44	9	53	1.818
9	50	14	64	0.333
10	44	18	62	0.538
总计	355	123	478	7.191

孟德尔根据上述数据提出 "3:1" 假设: 得到黄色豌豆的概率 $p = 3/4$, 得到绿色豌豆的概率 $q = 1/4$. 如果把 "3:1" 假设设定为二项分布假设检验中的零假设, 统计量的观测值 7.191 远远低于自由度为 9 显著性水平为 0.05 的 χ^2 分布的临界值 16.919, 因此, 从统计分析角度, 可以接受 "3:1" 假设.

可以类似讨论孟德尔的双性状 (颜色和形状) 的豌豆试验, 我们用 BB 和 bb 分别表示圆形和皱褶基因对. 子一代豌豆的基因为 (Aa, Bb), 即 (黄绿, 圆皱), 子二代豌豆的基因性状配对有 16 个, 其中黄圆、绿圆、黄皱、绿皱的比例为 9:3:3:1, 相应的出现概率为 9/16, 3/16, 3/16, 1/16. 在 556 个豌豆中, 孟德尔观察到的豌豆数分别是 315, 108, 101, 32. 如果把 "9:3:3:1" 假设设定为多项分布假设检验中的零假设, χ^2 统计量的观测值 0.47 远远低于自由度为 3 显著性水平为 0.05 的 χ^2 分布的临界值 7.81, 因此, 从统计分析角度, 可以接受 "9 : 3 : 3 : 1" 假设.

2.3.3 女士品茶的数学

20 世纪 20 年代末的一个夏日午后, 在英国剑桥, 一群大学教员和他们的妻子以及一些客人围坐在一起喝下午茶. 在品茶过程中, 一位女士坚称: 将茶倒进牛奶里和将牛奶倒进茶里的味道是不同的, 而且她能分辨出来. 在座的科学家都觉得两种液体的混合物在化学成分上不可能有任何区别. 费希尔先生正好也在座, 他兴奋地说道: 让我们来检验这个命题吧! 他写了一篇著名的、非学术性的文章《女士品茶的数学》, 后来收入到他的《实验设计》书中. 书中第 2 章就描述了女士品茶实验, 提出了许多种设计方案, 讨论了实验的各种可能结果, 依据那位女士判断的对错与否, 算出各种不同结果的概率. 但在讨论中, 他并没有指明这种实验是否真的实际做过和结果如何.

假定费希尔真的做过如下实验: 他煮了 8 杯茶, 其中 4 杯是先加奶的, 4 杯是先加茶的. 这 8 杯茶被装在外观一样的茶杯当中, 以随机的顺序被送去给这位女士品尝. 实验结束了, 她竟然真的判断出每一杯茶的正确制作方式.

如何从这实验结果判断这位女士是否真的具备分辨能力? 不妨假设她不具备这种能力, 问题是: 她单凭随机猜测正确分辨出茶的味道的可能性有多大? 这类似于古典概型中的抽球游戏: 游戏箱子中一共有 4 个白球和 4 个红球, 随机从中抽出 4 个球, 4 个均为白球的概率是多少? 计算得知, 这一概率仅为 1/70, 即 1.43%. 由于这个概率很小, 所以依据小概率原理, 有理由拒绝零假设, 即断定这位女士确实具备分辨能力.

2.3.4 卢瑟福散射实验结论的统计验证

1910 年, 英国著名物理学家卢瑟福 (Ruther-ford, 1871—1937) 和盖革做 α 粒子散射实验, 发现观测间隔固定在指定区域内粒子数服从泊松分布. 他们共计观测 2608 次, 两次观测间隔 7.5 秒, 记录到达指定区域 α 粒子总数为 10094 个, 记录到 k 个 α 粒子的观测次数记为 N_k, 对 $k = 0, 1, \cdots, 12$, N_k 的数值依次为 57, 203, 383, 525, 532, 408, 273, 139, 45, 27, 10, 4, 2.

我们可以用拟合优度检验 (见节 1.5.6) 来检验卢瑟福散射实验结论. 零假设: 间隔 7.5 秒放射出的 α 粒子数 X 服从泊松分布

$$\mathbb{P}(X = k) = \mathrm{e}^{-\lambda}\frac{\lambda^k}{k!},$$

则样本均值 3.87 就是 λ 的最大似然估计. 设定 α

值为 0.05, 拒绝域的临界值为 16.9, 计算得到 ξ 的样本观测值为 12.8, 因此我们接受零假设.

2.3.5 二项分布参数的似然比检验

设 X 服从二项分布 $B(n, p)$, 对给定 $0 < p_0 < 1$, 检验零假设 $p = p_0$. 样本似然函数 $L(x, p) = \binom{n}{x} p^x (1 - p)^{n-x}$, 它在 $p^* = x/n$ 达最大值, 似然比为

$$\lambda(x) = \frac{p_0^x (1 - p_0)^{n-x}}{(x/n)^x (1 - x/n)^{n-x}}.$$

注意到 $\lambda(x)$ 是 x 的严格递减函数, 故有 $\mathbb{P}_{p_0}(\lambda(X) \leqslant \lambda(x)) = \mathbb{P}_{p_0}(X \leqslant x)$. 给定显著性水平 α, 可以从二项分布表查到最小的 x_α, 使得 $\mathbb{P}_{p_0}(X \leqslant x_\alpha) \geqslant 1 - \alpha$. 则当样本值 x 大于或等于 x_α 时, 拒绝零假设, 否则接受零假设.

2.3.6 从限定第二类错误来确定样本量下限

设总体 X 服从方差已知的正态分布 $N(\mu, \sigma^2)$, 其中 μ 未知, 假设检验问题是

$$H_0: \mu = \mu_0, \quad H_1: \mu \geqslant \mu_1,$$

其中 μ_0 和 μ_1 已知, 且 $\mu_0 < \mu_1$. 显著性水平 α, 试问至少要多少样本才能确保犯第二类错误的概率

不大于 β_0.

设随机样本 $X_1, \cdots, X_n$ 来自总体 X, 在零假设下, 检验统计量

$$U = \frac{\overline{X} - \mu_0}{\sigma\sqrt{n}} \sim N(0, 1).$$

该检验的拒绝域是 $(u_\alpha, +\infty)$, 其中 u_α 满足 $\mathbb{P}_{\mu_0}(U > u_\alpha) = \alpha$. 此检验犯第二类错误的概率 β 为

$$\beta = \sup_{\mu > \mu_1} \mathbb{P}_\mu(U \leqslant u_\alpha) = \mathbb{P}_{\mu_0}\left(U \leqslant u_\alpha + \frac{\mu_0 - \mu_1}{\sigma/\sqrt{n}}\right).$$

要求 $\beta \leqslant \beta_0$, 就是要求

$$u_\alpha + \frac{\mu_0 - \mu_1}{\sigma/\sqrt{n}} \leqslant u_{1-\beta_0}.$$

由于 $\mu_0 - \mu_1 < 0$, 由上式推得

$$\sqrt{n} \geqslant \frac{\sigma(u_\alpha - u_{1-\beta_0})}{\mu_1 - \mu_0}.$$

2.3.7　次品率的假设检验 (1)

假定某厂产品次品率通常约为 3%, 现在有一监测机构来厂进行质量检查, 随机抽查了 200 件产品, 发现有 9 件次品, 次品率达到 4.5%, 能断定该厂产品质量下降了吗? 我们用假设检验来回答这一问题.

考虑二项分布参数假设检验问题. 零假设 H_0: $p = p_0$, 备择假设 H_1: $p > p_0$. 当 n 足够大时, 统

计量

$$\xi(p) = \frac{\nu - np}{\sqrt{np(1-p)}}$$

在次品率为 p 的假定下近似服从标准正态分布, 其中 ν 是 n 个样本中的次品个数. 显著性水平 α 设定为 0.05. 查正态分布表知道 $\mathbb{P}(\xi(p) \geqslant 1.645) = 0.05$.

在我们的具体情形下, $n = 200$, $\nu = 9$, $p_0 = 0.03$, 算得 $\xi(0.03)$ 的样本观测值为 1.24, 它小于拒绝零假设的临界值, 因此接受零假设, 即现有数据不足以说明该厂产品质量下降了. 如果 200 件产品中发现有 10 件次品, $\xi(0.03)$ 的样本观测值为 1.65, 就可以拒绝零假设了. 因此, 单独一次的假设检验结论往往不是可信的, 需要重复做试验. 在这个例子中, 次品数量一个之差就会导致完全相反的结论.

2.3.8 次品率的假设检验 (2)

在假设检验问题中, 合理设定备择假设是很关键的. 下面的例子是: 假定某厂产品次品率通常约为 3%, 现在有一监测机构接到一项举报, 说工厂为了偷工减料, 产品质量严重下降了, 次品率达到 5% 了. 该监测机构来厂进行质量检查, 随机抽查了 200 件产品, 发现有 9 件次品, 次品率达到 4.5%, 能否断定该厂产品次品率达到 5%?

这时假设检验问题的零假设为 H_0: $p = p_0$, 备择假设是 H_1: $p < p_0$, 显著性水平 α 设定为 0.05.

在我们的具体情形下, $n = 200, \nu = 9, p_0 = 0.05$, 算得 $\xi(0.05)$ 的样本观测值为 -0.324, 它大于拒绝零假设的临界值 -1.645, 因此接受零假设, 即不排除该厂产品次品率达到 5% 了. 如果抽检 200 件产品中只有 5 件次品, $\xi(0.05)$ 的样本观测值为 -1.62, 它仍然大于拒绝零假设的临界值, 从而接受零假设, 这似乎不太合理了. 出现这一问题是由于设定的备择假设不确当. 如果备择假设改为 $H_1: p = p_1$, 其中 $p_1 = 0.03$, 可能结论就不同了. 这一假设检验问题超出本书范围了.

2.3.9 事故发生次数与星期几有关吗

某工厂 5 年来共发生 63 次事故, 下面是事故统计表:

星期序号	一	二	三	四	五	六
事故次数	9	10	11	8	13	12

问事故发生次数与星期几有关吗?

我们可以用 χ^2 检验来回答这一问题. 零假设是事故发生次数与星期几无关 (即 $p_1 = p_2 = \cdots = p_6 = 1/6$). 计算统计量的样本值

$$\xi = \sum_{j=1}^{6} \frac{(f_j - np_j)^2}{np_j}$$

$$= \frac{(9 - 10.5)^2}{10.5} + \frac{(10 - 10.5)^2}{10.5} + \frac{(11 - 10.5)^2}{10.5} +$$

$$\frac{(8-10.5)^2}{10.5}+\frac{(13-10.5)^2}{10.5}+\frac{(12-10.5)^2}{10.5}$$

$$=1.67.$$

查 $\chi^2(5)$ 分布表, $\chi^2_{0.05}=11.07$. 由于 $1.67 < 11.07$, 结论是在 5% 的显著性水平下, 可以认为事故发生次数与星期几无关.

2.3.10 被高校录取人数之比有显著变化吗

有三所中学往年被高校平均录取人数之比约为 $5:4:3$. 今年这三所中学共有 96 名学生被高校录取, 人数分别为 36, 38, 22. 问在 5% 的显著性水平下, 今年这三所学校被高校录取人数之比与往年相比有无明显区别?

我们可以用 χ^2 检验来回答这一问题. 零假设是三所学校被高校录取人数之比与往年相比无区别. 首先把往年平均录取人数之比 $5:4:3$ 换算为概率之比 $5/12:1/3:1/4$, 计算今年各学校按往年被录取人数概率之比的录取人数, 分别为 40, 32, 24. 今年各学校被录取人数是相应的频数. 计算统计量的样本值

$$\xi = \sum_{j=1}^{3}\frac{(f_j - np_j)^2}{np_j}$$

$$= \frac{(36-40)^2}{40}+\frac{(38-32)^2}{32}+\frac{(22-24)^2}{24}$$

$$= 1.692.$$

查 $\chi^2(2)$ 分布表, $\chi^2_{0.05} = 5.99$. 由于 $1.692 < 5.99$, 结论是在 5% 的显著性水平下, 可以认为今年这三所学校被高校录取人数之比与往年相比没有明显区别. 直觉来看, 第二所学校进步较大, 甚至超过第一所学校. 但从统计分析角度来看, 这一差异归于随机性的影响.

2.3.11 公路上汽车流量服从泊松分布吗

有人在单向行驶的公路旁每隔 15 秒观测路过汽车数量, 共计观测 50 分钟, 即记录 200 次, 统计结果如下:

汽车数量	0	1	2	3	4
观测频数	92	68	28	12	0

问该公路上汽车流量服从泊松分布吗? 我们用费希尔的 χ^2 检验来回答这一问题. 零假设是 X 服从泊松分布 $P(\lambda)$:

$$p_k = \mathbb{P}(X = k) = \frac{\lambda^k}{k!} e^{-\lambda}, \quad k = 0, 1, 2, \cdots,$$

其中 λ 是未知参数. λ 的最大似然估计 $\hat{\lambda}$ 为样本均值:

$$\hat{\lambda} = \frac{1}{200}(68 + 2 \times 28 + 3 \times 12) = 0.80.$$

用 $\hat{\lambda}$ 代入未知参数 λ, 算出总体概率分布 $p_k, 0 \leqslant k \leqslant 4$, 给出每隔 15 秒路过汽车的期望频数, 得到

如下对照表:

汽车数量	0	1	2	3	4
期望频数	90	72	29	9	0
观测频数	92	68	28	12	0

计算得到

$$\xi = \sum_{j=0}^{3} \frac{(f_j - np_j)^2}{np_j} = \frac{2^2}{90} + \frac{4^2}{72} + \frac{1}{29} + \frac{3^2}{9} = 1.30.$$

查 $\chi^2(2)$ 分布表, 显著性水平 5% 对应的拒绝域的临界值为 5.99. 由于 1.30 < 5.99, 因此, 在 5% 的显著性水平下, 不能拒绝零假设, 即基本认可该公路上汽车流量服从泊松分布.

2.3.12 患色盲症与性别是相互独立的吗

下面是对男女患色盲症的一个随机调查表:

性别	正常	色盲	行和
男	107	13	120
女	76	4	80
列和	183	17	200

问患色盲症与性别是相互独立的吗? 我们用独立性检验回答这一问题. 零假设是患色盲症与性别是相互独立的. 这里 $r = s = 2$, 于是独立性检验统计

量 ξ 的观测值为

$$\xi = \frac{n(f_{11}f_{22} - f_{12}f_{21})^2}{(f_{11} + f_{12})(f_{21} + f_{22})(f_{11} + f_{21})(f_{12} + f_{22})}$$
$$= \frac{200(107 \times 4 - 13 \times 76)^2}{120 \times 80 \times 183 \times 17} = 2.10.$$

查 $\chi^2(1)$ 分布表, 显著性水平 5% 对应的拒绝域临界值为 3.84. 由于 $2.10 < 3.84$, 因此, 在 5% 的显著性水平下, 接受零假设, 即患色盲症与性别是相互独立的.

2.3.13 吸烟者患阿尔茨海默病的比率较低吗

现在有一种说法: 吸烟者患阿尔茨海默病的比率较低. 为了检验这一说法是否可信, 设想某医疗机构在某城市从 65 — 75 岁人群中随机调查了 1000 人, 分别统计吸烟者和非吸烟者阿尔茨海默病患病人数. 调查结果是: 1000 人中有 250 人是吸烟者, 其中阿尔茨海默病患者 10 人; 750 人是非吸烟者, 其中有 45 人患阿尔茨海默病. 这两类人患阿尔茨海默病的比率分别是 4% 和 6%. 表面上看, 差异比较显著, 但能否根据这一差异就来断定吸烟有助于预防阿尔茨海默病呢?

我们可以用假设检验来回答这一问题. 把吸烟不降低阿尔茨海默病患病率设定为零假设. 如果零假设成立, 当 n_1 和 n_2 足够大时, 如下定义的统计

量近似服从标准正态分布:

$$\xi = \frac{p_2 - p_1}{\sqrt{(1/n_1 + 1/n_2)p(1-p)}},$$

其中 n_1 和 n_2 分别是吸烟者和非吸烟者的人数, p_1 和 p_2 分别为吸烟者和非吸烟者患阿尔茨海默病的比率, p 为这两类人总体患阿尔茨海默病的比率, 即 $p = (n_1 p_1 + n_2 p_2)/(n_1 + n_2)$. 根据抽样调查结果算得统计量 ξ 的观测值为 1.2. 从标准正态分布表查出, 检验的 p 值 (即 $\mathbb{P}(\xi \geqslant 1.2)$) 超过 11%, 因此, 这一结果还不足以否定吸烟不降低阿尔茨海默病患病率这一假设.

2.3.14 抽样调查的结论依赖于样本量的大小

在前面的例子中, 如果抽样调查的人数扩大到 4000 人, 假定两类人也相应地扩大 3 倍, 而且患病率仍然分别是 4% 和 6%, 这时统计量 ξ 的观测值扩大 1 倍, 成为 2.4. 从标准正态分布表查出, 检验的 p 值小于 1%. 因此, 甚至在显著性水平为 1% 下, 我们可以拒绝零假设, 即有较大把握断定吸烟能够降低阿尔茨海默病患病率.

在患色盲症与性别是否相互独立的例子中, 也有类似情况. 从统计量 ξ 的表达式看出, 如果改变样本总量 n, 而相应的男、女人数比例和患色盲症的比例不改变, 则 ξ 值与 n 成正比. 假定调查人数

总数扩大 1 倍, 男女患色盲症随机调查表改变为

性别	正常	色盲	行和
男	214	26	240
女	152	8	160
列和	366	34	400

这时独立性检验统计量 ξ 的观测值扩大 1 倍, 成为 4.20. 查 $\chi^2(1)$ 分布表, 显著性水平 5% 对应的拒绝域的临界值为 3.84. 由于 4.20 > 3.84, 因此, 在 5% 的显著性水平下, 拒绝零假设, 即认为患色盲症与性别不是相互独立的.

这两个例子告诉我们, 假设检验的结论严重依赖样本量的大小, 样本量越大, 结论越可信. 样本量较小时, 随机因素可能掩盖真相.

2.3.15 公交车到站时间误差服从正态
分布吗

某路公交车预定每隔 15 分钟到达某站. 下面是某天对该公交车的到站时间误差和汽车次数的统计表:

到站时间误差	−5	−3	−1	0	1	2	4	7	8
到站汽车次数	1	1	2	1	1	5	3	1	1

其中负数表示提前到站分钟数, 0 表示准点到站,

正数表示延后到站分钟数. 问该路公交车到站时间的误差服从标准差为 3 的正态分布吗?

由数据算得到站时间的误差的均值为 1.6, 我们用柯尔莫哥洛夫检验 (见节 1.5.8) 回答这一问题. 零假设是到站时间的误差服从均值为 1.6、标准差为 3 的正态分布. 计算检验统计量

$$D_n = \sup_{-\infty < x < +\infty} |F(x) - F_n(x)|$$

的观测值为 0.1970, 其中 $n = 20$. 查柯尔莫哥洛夫检验统计量表, 显著性水平 5% 对应的拒绝域的临界值为 0.29. 由于 $0.1970 < 0.29$, 因此, 在 5% 的显著性水平下, 不能拒绝零假设, 即基本认可该路公交车到站时间的误差服从标准差为 3 的正态分布.

2.3.16 两位作者用词风格差异性的检验

下表分别给出两位文学家马克·吐温的 8 篇小品文以及斯诺特格拉斯的 10 篇小品文由 3 个字母组成的单词的比例:

马克·吐温	0.225, 0.262, 0.217, 0.240, 0.230, 0.229, 0.235, 0.217
斯诺特格拉斯	0.209, 0.205, 0.196, 0.210, 0.202, 0.207, 0.224, 0.223, 0.220, 0.201

设两组数据分别来自正态总体, 检验两位作家小品

文中包含由 3 个字母组成的单词的比例是否有显著差异.

我们用 X 和 Y 分别表示马克·吐温和斯诺特格拉斯小品文由 3 个字母组成的单词的比例的总体, 计算得样本均值的观测值分别为 $\bar{x} = 0.2319$ 和 $\bar{y} = 0.2097$, 样本方差的观测值分别为 $s_1^2 = 0.0146^2$ 和 $s_2^2 = 0.0097^2$.

我们首先用 F 检验来检验两个正态总体的方差是否相同. 零假设为方差相同, 设定显著性水平 $\alpha = 0.05$, 统计量 $F = \dfrac{S_1^2}{S_2^2}$ 在零假设下服从自由度为 $\{7, 9\}$ 的 F 分布. 查 F 分布表得知拒绝域为 $(0, 0.2075)$ 和 $(4.20, +\infty)$. 计算统计量 F 的观测值为 2.265, 所以接受零假设.

下面用 t 检验来检验两个正态总体的均值是否相同. 零假设为均值相同, 设定显著性水平 $\alpha = 0.05$, 统计量

$$t = \frac{(\bar{X} - \bar{Y})\sqrt{\dfrac{nm}{n+m}}}{\sqrt{\dfrac{(n-1)S_1^2 + (m-1)S_2^2}{n+m-2}}}$$

服从自由度为 $n+m-2$ 的 t 分布, 其中 $n = 8, m = 10$. 给定显著性水平 $\alpha = 0.05$, 查 t 分布表得到拒绝域的临界值为 $t_{0.025} = 2.1199$, 统计量 t 的样本观测值为 3.900, 因此拒绝零假设.

最终结论是: 两位作家小品文中包含由 3 个字

母组成的单词的比例存在显著差异.

2.3.17 统计为《静静的顿河》作者之争断案

《静静的顿河》是俄罗斯文坛上一部不朽的巨著, 小说构思于 1926 年, 四部分别于 1928 年、1929 年、1933 年和 1940 年出版, 历时 14 年. 1965 年, 肖洛霍夫 (1905－1984) 因《静静的顿河》获得诺贝尔文学奖. 当时, 人们质疑这部巨著是肖洛霍夫抄袭他人的作品. 1968 年, 一位女士给《新世界》杂志编辑委员会写信, 说她哥哥克鲁乌科夫在内战中是个白军军官, 曾把自己的战斗经历写成故事. 她哥哥被当局逮捕后, 在狱中把藏稿之处告诉了同牢房的难友 (一位神父), 而后来肖洛霍夫就是那个审问神父的人. 这就使得抄袭之说更加扑朔迷离.

挪威奥斯陆大学的苏联文学教授克其萨与他的挪威、瑞典同事, 从确属肖洛霍夫所作的《顿河故事》(1926) 和《被开垦的处女地》(卷 1, 1932)、从《静静的顿河》(卷 1、卷 2 和卷 4)、从确属克鲁乌科夫所作的《哥萨克主题》和《短篇集》, 这 7 部作品中各挑出约 4000 个句子, 编为三组: 肖洛霍夫的作品作为第一组,《静静的顿河》作为第二组, 克鲁乌科夫的作品作为第三组, 选定了三个重要参数, 进行统计分析.

第一个参数是不同词汇量与总词汇量的百分

比, 分别是: 第一组为 65.5%, 第二组为 64.6%, 两者非常接近, 而第三组却只有 58.9%, 明显低于前两组数据. 第二个参数是词汇分布频率, 学者们选取了 20 个俄文中常见的词汇, 来比较它们占作品中全部词汇的百分比, 分别是: 第一组为 22.8%, 第二组为 23.3%, 第一组与第二组比较接近, 而第三组为 26.2%, 明显高于前两组数据. 最后一个参数是作品中出现过一次的词汇所占的百分比, 第一组为 80.9%, 第二组为 81.9%, 而第三组只有 76.9%. 研究表明, 克鲁乌科夫的作品与《静静的顿河》之间, 三个参数都存在显著差异, 而肖洛霍夫的作品与《静静的顿河》之间不存在显著差异. 因此, 从统计学推断,《静静的顿河》的真正作者应该是肖洛霍夫. 这项研究的论文发表在世界知名的权威杂志《计算机与人文科学》上, 曾轰动一时.

最终, 1987 年和 1991 年陆续发现了肖洛霍夫写作时的手稿, 经研究鉴定确实是当年的纸张和肖洛霍夫手笔或他的妻子和妻子的姐妹的誊抄, 洗清了肖洛霍夫的抄袭之嫌.

2.3.18　这首诗的作者是莎士比亚吗

1985 年, 研究莎士比亚的美国学者泰勒在英国牛津大学图书馆发现一首含有 429 个单词的新诗 (下面称为泰勒诗), 有人猜测这首诗的作者可能是莎士比亚. 如何用统计方法来鉴定这首诗的作者是莎士比亚? 美国斯坦福大学的埃夫隆 (Efron) 教授和他的学生齐斯泰兹 (Thisted) 关注了这一问题. 他们曾经在一次听专家分析莎士比亚作品结构的讲演中获悉, 德国已将莎士比亚的所有作品输入计算机, 并已计算出莎士比亚所用过的全部单词数 (共计 884647 个), 及每一个单词使用过的次数. 埃夫隆和齐斯泰兹利用这些信息, 用统计假设检验方法, 把泰勒诗在风格上与莎士比亚的作品进行统计分析对比. 新诗 429 词包括莎士比亚作品中以前从未见过的 9 个词, 而埃夫隆和齐斯泰兹依据统计模型的预测值是 6.97 个新词, 二者相当吻合. 基于稀有词的附加测试表明, 新诗与以前的莎士比亚作品用词相当兼容. 另外, 他们还考虑了伊丽莎白时代 4 位诗人的 7 首诗和泰勒诗, 将这 8 首诗中不同常用词的数量与莎士比亚经典中的常用词期望值进行比较, 泰勒诗非常好地通过了这个测试. 他们为此写了文章, 1987 年发表在著名的统计杂志《生物统计》上.

参 考 文 献

陈家鼎, 郑忠国. 概率与统计. 北京: 北京大学出版
　　社, 2007.

陈希孺. 数理统计学简史. 长沙: 湖南教育出版社,
　　2002.

陈希孺. 概率论与数理统计. 合肥: 中国科学技术
　　大学出版社, 2009.

克拉美. 统计学数学方法. 魏宗舒, 郑朴, 吴锦, 译.
　　上海: 上海科学技术出版社, 1966.

孙荣恒. 趣味随机问题. 北京: 科学出版社, 2004.

韦博成. 漫话信息时代的统计学. 北京: 中国统计
　　出版社, 2011.

郑重声明

读者意见反馈

为收集对教材的意见建议，进一步完善教材编写并做好服务工作，读者可将对本教材的意见建议通过如下渠道反馈至我社。

咨询电话 400-810-0598

反馈邮箱 hepsci@pub.hep.cn

通信地址 北京市朝阳区惠新东街 4 号富盛大厦 1 座
高等教育出版社理科事业部

邮政编码 100029